SEJA POSITIVO COM MARCO AURÉLIO

Dados Internacionais de Catalogação na Publicação (CIP)
(Câmara Brasileira do Livro, SP, Brasil)

Capri, Jana
  Seja positivo com Marco Aurélio : 79 pensamentos e perguntas que você pode fazer para ter uma atitude mental mais positiva em sua vida / Jana Capri, Charan Díaz ; tradução de Maria Ferreira. – Petrópolis, RJ : Vozes, 2022.

  Título original: Coaching de actitud positiva com Marco Aurélio.
  ISBN 978-65-5713-488-7

  1. Autoconhecimento 2. Atitudes 3. Atitude – Mudanças 4. Corpo e mente 5. Desenvolvimento pessoal 6. Marco Aurélio, imperador de Roma, 121-180 – Meditações 7. Mudança de vida 8. Pensamentos 9. Reflexão (Filosofia) 10. Tomada de decisão I. Díaz, Charan. II. Ferreira, Maria. III. Título.

21-88368   CDD-158.1

Índices para catálogo sistemático:
1. Mente positiva : Psicologia   158.1

Eliete Marques da Silva – Bibliotecária – CRB-8/9380

JANA CAPRI & CHARAN DÍAZ

SEJA POSITIVO COM MARCO AURÉLIO

79 pensamentos e perguntas que você pode fazer para ter uma atitude mental mais positiva em sua vida

Tradução de Maria Ferreira

EDITORA VOZES

Petrópolis

© 2020 Jana Capri & Charan Díaz.
Edição brasileira publicada por intermédio da Agência Literária
Montse Cortazar (www.montsecortazar.com).

Tradução realizada a partir do original em espanhol intitulado
*Coaching de actitud positiva con Marco Aurelio – 79 pensamientos y
preguntas que te puedes hacer para tener una actitud mental
más positiva en tu vida*

Direitos de publicação em língua portuguesa – Brasil:
2022, Editora Vozes Ltda.
Rua Frei Luís, 100
25689-900 Petrópolis, RJ
www.vozes.com.br
Brasil

Todos os direitos reservados. Nenhuma parte desta obra poderá ser
reproduzida ou transmitida por qualquer forma e/ou quaisquer meios
(eletrônico ou mecânico, incluindo fotocópia e gravação) ou arquivada em
qualquer sistema ou banco de dados sem permissão escrita da editora.

CONSELHO EDITORIAL

Diretor
Gilberto Gonçalves Garcia

Editores
Aline dos Santos Carneiro
Edrian Josué Pasini
Marilac Loraine Oleniki
Welder Lancieri Marchini

Conselheiros
Francisco Morás
Ludovico Garmus
Teobaldo Heidemann
Volney J. Berkenbrock

Secretário executivo
Leonardo A.R.T. dos Santos

Editoração: Maria da Conceição B. de Sousa
Diagramação: Sheilandre Desenv. Gráfico
Revisão gráfica: Nilton Braz da Rocha
Capa: Rafael Nicolaevsky
Ilustração de capa: Alexandre Maranhão

ISBN 978-65-5713-488-7 (Brasil)
ISBN 979-86-0918-400-9 (Espanha)

Este livro foi composto e impresso pela Editora Vozes Ltda.

Sumário

Introdução, 9

#1 CAMINHOS COM CORAÇÃO, 13

#2 O PRIMEIRO PASSO É QUERER, 15

#3 MENTALIDADE DE APRENDIZAGEM, 17

#4 FAZER O CORRETO, 19

#5 A BONDADE, 21

#6 CORRER ATRÁS DO EFÊMERO, 23

#7 CONSIDERE-O COM FILOSOFIA, 25

#8 O INÚTIL, 27

#9 A FORÇA INTERIOR, 29

#10 A CONSCIÊNCIA TRANQUILA, 30

#11 O SEGREDO DO BEM-VIVER, 32

#12 A NATUREZA DAS COISAS, 34

#13 A CENTELHA INTERIOR, 36

#14 A ORIGEM DE TUDO, 38

#15 CONHEÇA A SI MESMO, 40

#16 SEU JARDIM INTERIOR, 42

#17 O QUE MOVE VOCÊ, 44

#18 SEU VALOR VERDADEIRO, 46

#19 OS SÁBIOS, 48

#20 OLHO POR OLHO, 49

#21 NÃO É NADA PESSOAL, 50

#22 A AMABILIDADE E A COMPAIXÃO, 52

#23 A QUEM INTERESSA?, 54

#24 A ESCUTA, 55

#25 DEPOIS DA MORTE, 57

#26 A ORDEM PERFEITA, 59

#27 O TEMPO DE SUA VIDA, 60

#28 INTERPRETE SEU MELHOR PAPEL, 61

#29 ACEITE TUDO O QUE LHE ACONTECE, 63

#30 AQUILO QUE NÃO DEPENDE DE VOCÊ, 65

#31 AS COISAS SÃO COMO SÃO, 66

#32 A CRÍTICA DO OUTRO, 67

#33 PAZ MENTAL, 69

#34 AGRADAR AOS OUTROS, 71

#35 DEPENDE SÓ DE VOCÊ, 73

#36 A INTROSPECÇÃO, 74

#37 TUDO TEM SUA GRAÇA, 76

#38 O PERDÃO, 78

#39 AS OPINIÕES DOS OUTROS, 80

#40 NÃO SE DESVIE DO CAMINHO, 82

#41 TENHA SEU PRÓPRIO CRITÉRIO, 84

#42 BUSCAR APLAUSOS E TEMER CRÍTICAS, 86

#43 BUSCAR A VERDADE, 88

#44 AS MUDANÇAS NA VIDA, 90

#45 SEU GRÃO DE AREIA, 92

#46 NÃO PEÇA O IMPOSSÍVEL, 94

#47 O QUE IMPORTA É SUA ATITUDE, 96

#48 RETORNE AO CAMINHO CORRETO, 98

#49 NADA DURA PARA SEMPRE, 100

#50 DAR SEM RECEBER NADA EM TROCA, 102

#51 A COMPAIXÃO, 104

#52 CONSEGUIR O IMPOSSÍVEL, 106

#53 AS BOAS INFLUÊNCIAS, 107

#54 OS ACASOS E AS DESGRAÇAS, 109

#55 OS OUTROS NÃO DECIDEM POR VOCÊ, 110

#56 SUA FELICIDADE DEPENDE DE VOCÊ, 111

#57 QUEM MANDA NO SEU ESTADO DE ÂNIMO?, 112

#58 BEBER ÁGUA SALGADA, 114

#59 QUAL É O SEU PROPÓSITO?, 115

#60 ACEITAR O QUE VIER, 116

#61 AO QUE VOCÊ SE APEGA?, 117

#62 QUE A RAIVA NÃO DOMINE VOCÊ, 119

#63 A IMPORTÂNCIA DAS COISAS, 121

#64 SENTIR-SE BEM AQUI E AGORA, 122

#65 PRATIQUE O QUE LHE É MAIS DIFÍCIL, 123

#66 ACEITE DE BRAÇOS ABERTOS, 124

#67 OLHE PRIMEIRO PARA SI MESMO/A, 126

#68 FAÇA O MELHOR POSSÍVEL, 128

#69 NÃO É TÃO GRAVE QUANTO PARECE, 129

#70 ACEITE AJUDA, 131

#71 NÃO ANALISE DEMAIS, 132

#72 SABER PEDIR, 133

#73 VOCÊ NÃO VAI VIVER PARA SEMPRE, 134

#74 PARA QUE FAZÊ-LO?, 136

#75 O ORGULHO, 137

#76 A PERDA, 139

#77 A PASSIVIDADE, 140

#78 O APEGO, 141

#79 COMO VIVER UMA BOA VIDA, 142

Referências, 143

Introdução

Durante uma terapia, um paciente fez a seguinte pergunta: como é possível manter a atitude positiva a longo prazo? Minha resposta intuitiva, depois de anos dedicados à psicologia, foi: a única maneira de conservar uma atitude positiva é **se expor continuamente a uma seleta inspiração positiva, capaz de influir na nossa maneira de pensar, de agir e de falar.** O fogo não se apaga quando se joga mais lenha.

A ideia de que a mente é altamente influenciável e que é possível manter uma atitude positiva a longo prazo nos levou a estudar os escritos de Marco Aurélio, um importante filósofo estoico e uma inspiração para todos aqueles que desejam ser mais positivos na vida.

Haverá exposição melhor do que aquela com a qual nos brindam os sábios de nossa história, que não somente nos deixaram conselhos importantes em seus escritos, como também praticaram o que pregaram?

Em *Seja positivo com Marco Aurélio* **combinamos a psicologia moderna com a filosofia** e ideias da espiritualidade de todos os tempos.

Quando as coisas não vão bem, não importa se por causa do amor, do trabalho, da família, de outras relações, ou da saúde, é quando então as mensagens de Marco Aurélio podem nos ajudar a olhar a vida a partir de outra perspectiva e a elevar nossa consciência. Só com uma consciência elevada um indivíduo pode se autorrealizar, se autotranscender e, desse modo, transcender o sofrimento que o aprisiona.

Como utilizar este livro

Na página seguinte explicamos as três partes de cada capítulo: (1) Pergunta/comentário de um buscador, (2) A resposta do [coach] Marco Aurélio e (3) Reflexão psicológica.

Com *buscador* nos referimos a todos/as aqueles/as que se fazem perguntas sobre os mistérios da vida e querem obter respostas baseadas nessa sabedoria perene.

As respostas de Marco Aurélio estão inspiradas em sua obra *Meditações* e adaptadas à linguagem moderna, para um fácil entendimento.

A reflexão psicológica é uma proposta em forma de perguntas com o objetivo de refletir sobre essa mensagem. Estas propostas não são fechadas, mas convites para que o leitor se coloque questões que o levem ao mais elevado de si mesmo. O/A leitor/a não deve entender essas propostas como interpretações definitivas das mensagens, mas como possíveis perguntas que podem ser feitas e que estão relacionadas com a mensagem.

#8 O INÚTIL

PERGUNTA/COMENTÁRIO DE UM BUSCADOR

Como posso manter um bom estado de ânimo?

RESPOSTA DE MARCO AURÉLIO (IV-XXIV)

Se quer estar de bom humor faça poucas coisas.

A maior parte das coisas que você pensa, faz e diz não é tão necessária quanto acredita; se as suprimir terá mais tempo livre e estará mais tranquilo/a.

Faça a si mesmo/a as seguintes perguntas, continuamente: "Isto é realmente necessário? É útil?

Os pensamentos desnecessários levam a ações inúteis, você entra em um ciclo e, então, perde o bom humor.

REFLEXÃO PSICOLÓGICA

De tudo o que você disse, fez ou pensou hoje, algo foi inútil ou desnecessário? Por exemplo, como pode desconectar para não se perder nos pensamentos repetitivos que não o/a levam a lugar algum? Como poderia falar e agir de maneira mais prática na próxima vez que se repetir uma situação diante da qual você só reagiria mal?

1) Pergunta ou comentário sobre a vida.

2) Resposta de Marco Aurélio baseada em seu livro *Meditações*. A referência à citação original se encontra entre parênteses. Exemplo: IV-XXIV; buscar a frase no capítulo 4, parágrafo 24 de *Meditações*.

3) Inspiração psicológica para aprofundar a mensagem.

Como tirar o máximo proveito deste livro

Recomendamos que este livro sempre seja usado por você quando:

+ estiver atravessando um período difícil em sua vida;

+ buscar inspiração positiva;

+ precisar de mais paz mental, controlar a ansiedade, a raiva, a tristeza etc.

Você pode selecionar no sumário a #hashtag (número do capítulo) que mais lhe inspire ou abrir o livro ao acaso e ver que mensagem apareceu.

Os grandes sábios da história da humanidade como Sêneca, Sócrates, Marco Aurélio, Epíteto ou Buda nos levam a entender que cultivar a atitude desejada não é coisa de dias, meses ou anos, mas um trabalho para toda a vida.

Apesar disso, sempre vale a pena fazê-lo.

#1 CAMINHOS COM CORAÇÃO

Pergunta/comentário de um buscador

O fim justifica os meios? Às vezes tenho de fazer coisas que não me agradam, mas que são necessárias.

Resposta de Marco Aurélio (VIII-V)

Lembre-se que, afinal, seu dever é ser sempre uma boa pessoa. Quando tiver de enfrentar desafios, de solucionar problemas, não permita que esses desafios o/a atrapalhem ou o/a dobrem. Busque sempre a solução mais humana: aquela que lhe permita ser uma pessoa boa, modesta, sincera e justa.

Reflexão psicológica

É bom ter um objetivo, mas este deve ser coerente com a humanidade (a capacidade de sentir compaixão ou solidariedade para com os demais, respeitando os valores humanos).

Você se propôs objetivos significativos na vida? Nicolau Maquiavel não tinha razão: o fim não justifica os meios. A maneira humanizada, amável e compassiva com que se alcança um objetivo é mais importante do que o objetivo em si. Você precisa ter a consciência tranquila no final do dia.

Analise e examine sua vida: há algo que atualmente está tentando conseguir, mas que causa sofrimento a outras pessoas ou que rouba sua paz mental?

Como dizia Carlos Castaneda: De todos os caminhos, na realidade nenhum leva a lugar algum. Mas há caminhos com coração e caminhos sem coração.

#2 O PRIMEIRO PASSO É QUERER

Pergunta/comentário de um buscador

O que posso fazer para ser feliz e não sentir frustração? Sinto-me muito perdido/a.

Resposta de Marco Aurélio (VII-LXVII)

É necessário muito pouco para ser feliz. Quem sabe você não está olhando sua vida e pensando: "Já estou velho e não sou famoso/a nem tenho dinheiro, e também não consegui nada importante em minha vida". Siga aprendendo e trabalhando em seus valores humanos, na qualidade de suas relações e em sua espiritualidade ou liberdade interior. Esta é a chave para ser feliz e, além disso, é grátis.

Reflexão psicológica

Você gostaria de melhorar algo em sua vida? Quer melhorar algum tema relacionado com seu trabalho, sua família, seu casamento, sua saúde ou seu dinheiro?

Para mudar algo, primeiro é preciso querer mudar. Por exemplo, imagine que alguém diz a um amigo "não consigo parar de fumar". Nesse mesmo instante um psicólogo que está ouvindo lhe oferece uma terapia gratuita para largar o cigarro. E o fumante se apressa em responder: "mas... não quero parar de fumar!"

Para conseguir qualquer coisa na vida, antes você tem de desejá-la. Se realmente deseja melhorar sua vida, certamente cedo ou tarde irá encontrar a maneira de consegui-lo. Como diz Marco Aurélio: para ser feliz se requer poucos conhecimentos. Não precisa ter um doutorado, basta querer mudar.

#3 MENTALIDADE DE APRENDIZAGEM

Pergunta/comentário de um buscador

Já tenho certa idade e bastante experiência na vida, não preciso que ninguém me dê lições.

Resposta de Marco Aurélio (XI-XXIX)

Não existe nada que você saiba hoje que não tenha aprendido antes, sendo aprendiz ou aluno/a. É preciso compreender que, na vida, para se converter em um mestre, antes terá de ser um humilde aprendiz.

Reflexão psicológica

A mentalidade de aprendizagem é um trampolim para seu crescimento. Quando você presume saber tudo, na realidade está mais limitado/a e escuta menos tudo o que o/a rodeia. Quando sua intenção é aprender, você observa e escuta o seu entorno e, desse modo, percebe melhor a realidade e acerta mais com suas ações.

Você se lembra de alguma ocasião em que, graças a seus desejos de aprender, melhorou alguma habilidade?

A mentalidade de aprendizagem e de crescimento o/a ajuda a ser mais feliz e a ter mais liberdade para reagir diante do que acontece.

A universidade da vida quer que você sempre tenha vontade de aprender. A escolha é sua.

#4 FAZER O CORRETO

Pergunta/comentário de um buscador

O que posso fazer para resistir à influência dos outros quando me levam para o mau caminho?

Resposta de Marco Aurélio (XII-XVII)

Se algo não está de acordo com seus valores, não o faça. Você mesmo/a deve analisar a situação e decidir o que é correto.

Reflexão psicológica

No fundo, você já sabe o que está certo e o que está errado. Um ser humano adulto são sabe, no mínimo, que não deve fazer aos outros o que não deseja para si mesmo. Embora às vezes gostemos de nos "fazer de tontos" ou de fingir que não sabemos muitas coisas.

O que você pensa, faz e diz neste momento de sua vida parece suficientemente ético ou pode melhorar?

O que o/a impede aqui e agora de melhorar algum aspecto de sua vida para fazer o que considera mais correto, mais humano? O que pode mudar hoje para estar mais perto de viver uma vida com alma?

É muito difícil ser feliz sem valores humanos.

#5 A BONDADE

Pergunta/comentário de um buscador

O mundo é injusto. Por que as pessoas boas não são mais premiadas? Faço muitas coisas pelos outros e nem sempre sou valorizado/a.

Resposta de Marco Aurélio (IX-XLII)

Não espere nada em troca nem busque recompensa quando fizer algo de bom pelos outros. Seria tão estranho quanto se seus pés pedissem uma recompensa por caminharem ou seus olhos por enxergarem.

A natureza do ser humano é fazer o bem, e para isso nasceu. Quando é uma boa pessoa, você está em sintonia com sua essência. Não espere receber um prêmio por isso; trate de ser uma boa pessoa, de maneira espontânea e natural.

Reflexão psicológica

A bondade faz parte de sua natureza. De acordo com pesquisas sobre a psicologia positiva, quando você é bom, é mais feliz, e quando é mais feliz, geralmente deseja ser melhor.

Alguma vez você fez algo de bom para outra pessoa sem esperar nada em troca? Como se sentiu depois?

#6 CORRER ATRÁS DO EFÊMERO

Pergunta/comentário de um buscador

Pode soar egoísta, mas o mais importante para mim são as coisas e as pessoas que me cercam: minhas posses, minha casa, meu carro, as pessoas queridas... Todo o resto não me importa muito.

Resposta de Marco Aurélio (IV-III)

Observe a rapidez com que a vida passa. Antes de você existir já existia a eternidade, e seguirá existindo quando você se for deste mundo. Deste ponto de vista, todo o resto perde importância (as demais pessoas, suas posses, seus problemas...). Somos seres temporais com problemas temporais.

Reflexão psicológica

Vivemos em um mundo líquido em que tudo muda constantemente. Um mundo no qual estamos *infoxica-*

dos; isto é, intoxicados pelo excesso de informação sempre mutável. Um mundo incerto, instável e caótico.

Como você encontra a estabilidade e a serenidade neste mundo? Busca a serenidade agradando aos outros; busca-a no dinheiro, no poder, nas viagens, nas mutáveis experiências prazerosas?

Por que ir em busca do vazio, efêmero e carente de sentido, se a vida muda em um instante e você perderá e terá de deixar para trás tudo isso rapidamente?

Busque serenidade em seu interior. Pode buscá-la, por exemplo, na meditação ou em aprender recursos psicológicos. Assim, nada externo perturbará sua paz.

#7 CONSIDERE-O COM FILOSOFIA

Pergunta/comentário de um buscador

Tenho um problema importante que me provoca muita ansiedade. O que posso fazer para enfrentá-lo melhor e não sentir tanto estresse?

Resposta de Marco Aurélio (IV-III)

Lembre-se destes dois pontos que o/a ajudarão a se sentir mais livre e relaxar mais:

1) O que realmente o/a faz sofrer é sua opinião, o que você pensa sobre si, sua opinião sobre os outros, sobre a vida e sobre seus problemas. A vida é objetiva e externa, mas sua opinião é subjetiva e interna, podendo fazê-lo/a sofrer se não for bem administrada.

2) Tudo o que você vê e lhe acontece está mudando constantemente e desaparecendo (transformando-se). Com certeza você viu muitas coisas se transformando ao longo da vida. A qualidade da sua vida depende de como administra sua opinião sobre tudo o que muda e

se transforma ao seu redor (o modo de ver e de julgar o que lhe acontece).

Reflexão psicológica

Tudo o que lhe causa sofrimento depende de sua maneira de enxergá-lo, de sua opinião, e de sua capacidade para digeri-lo. Aprender a considerar o que lhe acontece, com filosofia e otimismo, o/a manterá sempre mais bem-relacionado com sua vida, e você terá a alma mais predisposta a conseguir coisas boas.

Pense em algo que o/a incomoda, ou que neste momento gere estresse ou ansiedade em sua vida. É realmente o fato, a situação em si que o/a perturba? Ou o que faz com que se sinta mal é apenas a opinião que você tem sobre essa situação?

#8 O INÚTIL

Pergunta/comentário de um buscador

Como posso manter um bom estado de ânimo?

Resposta de Marco Aurélio (IV-XXIV)

Se quer estar de bom humor faça poucas coisas.

A maior parte das coisas que você pensa, faz e diz não é tão necessária quanto acredita; se as suprimir terá mais tempo livre e estará mais tranquilo/a.

Faça a si mesmo/a as seguintes perguntas, continuamente: "Isto é realmente necessário? É útil?

Os pensamentos desnecessários levam a ações inúteis, você entra em um ciclo e, então, perde o bom humor.

Reflexão psicológica

De tudo o que você disse, fez ou pensou hoje, algo foi inútil ou desnecessário? Por exemplo, como pode desconectar para não se perder nos pensamentos repetitivos que não o/a levam a lugar algum? Como poderia falar e agir de maneira mais prática na próxima vez que se repetir uma situação diante da qual você só reagiria mal?

#9 A FORÇA INTERIOR

Pergunta/comentário de um buscador

Sinto-me sem ânimo nem forças para fazer o que devo fazer.

Resposta de Marco Aurélio (VI-XXIX)

É uma pena que neste momento de sua vida, em que seu corpo ainda está forte, sua alma se entregue antes dele.

Reflexão psicológica

Para que serve sua força de vontade, se não a utiliza? A vontade é um músculo que aumenta quando utilizado de maneira sistemática. Depende de você encontrar sua força interior, aquilo que o/a inspira e eleva sua vida. E aprender a alimentar seu fogo diário é responsabilidade sua. Você é um corpo ou uma alma?

#10 A CONSCIÊNCIA TRANQUILA

Pergunta/comentário de um buscador

Como é possível manter a tranquilidade em um mundo no qual devemos conviver com tanta gente mal-intencionada?

Resposta de Marco Aurélio (VI-XLVII)

Concentre-se no mais importante: viva sendo uma pessoa honesta consigo mesma e com os outros. Seja uma boa pessoa e desenvolva a tolerância em relação às pessoas mentirosas e injustas que você não pode evitar. Não permita que o comportamento tóxico delas influencie sua existência.

Reflexão psicológica

Imagine-se viajando para um mundo em que apenas existam os mentirosos e injustos. Será que por viver entre eles você deve esquecer seus próprios valores e consciência. Em nosso cotidiano nos encontramos com todo tipo de pessoas. Algumas são uma boa influência para nós, outras não. O importante é não comprometer seus princípios por causa das más influências, já que ninguém pode negar o valor de ter uma consciência tranquila.

#11 O SEGREDO DO BEM-VIVER

Pergunta/comentário de um buscador

Pode me dar um conselho para que as coisas que acontecem em minha vida não me afetem tanto?

Resposta de Marco Aurélio (XI-XVI)

O potencial para viver da melhor maneira está na alma, e a qualidade de seu interior depende de você.

Não importa o que aconteça em sua vida, trata-se de algo externo, imóvel, não lhe foi imposto e você não tem por que julgá-lo.

Deixe a página do seu interior em branco e, se aparecer algum julgamento, apague-o na mesma hora.

Reflexão psicológica

Diga-me o que ama e eu direi quem você é. Onde está sua atenção na maior parte do dia? Há pessoas que se preocupam com a roupa, a casa, o prestígio, com a riqueza, o sexo, a comida, a série favorita... e esse é o conteúdo mental delas.

Sua mente o/a acompanha 24 horas por dia, e durante os 7 dias da semana. Mas você pode apreciar o valor de sua vida quando se lembra de que não é eterno e que nada o será? Se pensar isso não é suficiente para que se concentre na alma de todas as coisas, nada o será. Uma pergunta que pode ajudá-lo/a em muitas situações da vida: o que é o mais importante em todo este assunto?

#12 A NATUREZA DAS COISAS

Pergunta/comentário de um buscador

Muitas vezes acabo sofrendo porque não entendo o motivo pelo qual algo ocorre. Por exemplo: por que alguém se aborrece comigo ou por que sou eu que devo fazer algumas tarefas...

Resposta de Marco Aurélio (XII-X)

Nem sempre é possível entender tudo. Adote um ponto de vista objetivo. Observe as coisas assim como são, de verdade; analise sua causa, sua relação e sua matéria. Ao ganhar objetividade você se sentirá melhor.

Reflexão psicológica

Tudo está inter-relacionado. Compreender isso pode nos ajudar a descobrir a natureza multicausal de nosso bem-estar. As interpretações que você faz sobre o que ocorre em sua vida, seus pensamentos, suas emoções, sua atitude e seu comportamento estão inter-relacionados, e não existem separadamente. Para entender certo tipo de comportamento devemos analisar os pensamentos que o acompanham.

Pense na última vez em que agiu mal, você pode se lembrar dos pensamentos e emoções que o/a levaram a agir assim? E que pensamentos e emoções predominavam na última vez em que agiu com amabilidade e paciência?

#13 A CENTELHA INTERIOR

Pergunta/comentário de um buscador

Não me interessa a espiritualidade; não entendo para que serve.

Resposta de Marco Aurélio (III-XIII)

Os médicos sempre têm à mão os instrumentos e aparatos necessários para uma intervenção de emergência. Tenha sempre a capacidade de cuidar de sua parte divina (espiritual) e do humano (terrena).

Lembre-se sempre de que, inclusive em relação aos pequenos assuntos, existe uma relação entre a espiritualidade e o aspecto mundano.

Tudo o que conseguir no nível terreno deve ter sua correspondência com o cuidado de sua parte espiritual.

Reflexão psicológica

Um fogo não se apaga quando se joga mais lenha. Diante de muitos problemas materiais e mundanos você acaba se esquecendo daquilo que lhe é mais sagrado, daquilo que mais valoriza ou ama na vida. Se de maneira sistemática você se cerca de pessoas que são inspiradoras, lê obras ou textos que o/a animam e se expõe a ver aquilo que o/a eleva interiormente, a fagulha ou força interior se apagará enquanto continuar jogando lenha?

#14 A ORIGEM DE TUDO

Pergunta/comentário de um buscador

Tem sentido acreditar em Deus ou em algum outro ser ou entidade superior?

Resposta de Marco Aurélio (VI-XXXVI)

Reflita sobre qual é a origem de tudo. É possível que seu propósito como ser humano e sua autorrealização residam em aprender a perceber essa origem espiritual em tudo o mais.

Reflexão psicológica

Muitas vezes estamos tão concentrados em nossas vidas que nos esquecemos de refletir sobre o motor que move tudo.

A maioria dos grandes sábios e filósofos da história da humanidade considera inútil uma existência que não dedica tempo à meditação ou a refletir seriamente sobre o que move o universo, o que você era antes de nascer e o que será depois de morrer.

Se um filho se esquece de se relacionar com seu Pai e não sabe como se reunir com ele, não saberá o que fazer quando mais precisar dele.

Que prática espiritual você pode incorporar em sua vida para vivê-la mais plenamente?

#15 CONHEÇA A SI MESMO

Pergunta/comentário de um buscador

Como posso me preocupar menos?

Resposta de Marco Aurélio (VII-XVII)

Sua felicidade consiste em entrar em sintonia com seu *daimon* (sabedoria interior). Não deixe sua estabilidade ser perturbada por sua imaginação. Se você se preocupa com problemas que ainda não aconteceram, é melhor pensar: vá embora, imaginação! Não me distraia inventando preocupações, não vou me aborrecer com você; mas vá.

Reflexão psicológica

A felicidade depende de descobrir sua verdadeira identidade. Você não é seu trabalho, suas posses ou aquilo com que normalmente se identifica. Somos uma alma, e não a conhecemos bem o suficiente para sermos permanentemente felizes.

A imaginação é uma espada de dois gumes, e quando mal-usada ela nos confunde. A preocupação excessiva ou a ansiedade são erros da imaginação. Assim como a depressão e outros tipos de estresse emocional, devido aos quais costumamos dar muita urgência ou importância às coisas, exagerar e exigir muito de nós mesmos, dos outros ou da vida.

Somente entendendo quem realmente é, para além dos rótulos usuais, e tendo fé no sentido da vida, você começará a entender em que consiste a felicidade de que falam os filósofos.

Conheça a si mesmo, seja otimista, dê o seu melhor, não se estresse e esqueça o resto.

#16 SEU JARDIM INTERIOR

Pergunta/comentário de um buscador

Como posso ter uma atitude mais positiva na vida?

Resposta de Marco Aurélio (VIII-XLIII)

Gosto de cultivar minha sabedoria interior. Aprenda a apreciar e a olhar com bondade a realidade e as pessoas. Assim, você terá uma boa perspectiva para atribuir a cada coisa o valor que ela realmente tem.

Reflexão psicológica

É possível desejar algo melhor do que um bom ambiente ou clima interior? Imagine que amanhã fará um dia lindo, brilhará um fantástico sol de verão, as pessoas sorrirão e você estará cercado de beleza... embora por dentro está de mau humor e tudo parece um lixo.

Se aprender a cuidar e a conservar seu "jardim interior" em ótimo estado, mesmo que amanhã faça um dia nublado e chuvoso e os outros estejam aborrecidos, como seu "clima interior" é bom, então para você tudo estará razoavelmente bem. Assim, será mais fácil para você ficar contente e tranquilo, relacionando-se melhor com os outros.

Todos os dias, observe e diferencie a mentalidade que o/a prejudica daquela que o/a beneficia para desfrutar do seu jardim interior, apesar das dificuldades externas.

#17 O QUE MOVE VOCÊ

Pergunta/comentário de um buscador

Admito que dou muita importância ao meu corpo. Treino, cuido de minha aparência, me visto bem...

Por acaso não é bom?

Resposta de Marco Aurélio (X-XXXVIII)

Nunca confunda seu espírito com o recipiente que o contém, com os membros ou os órgãos que lhe dão uma forma física. Seu corpo é um instrumento, e sem sua alma ele não tem mais utilidade do que o pano sem a tecelã, a caneta sem o escritor ou o volante sem o condutor.

Lembre-se de que o importante está dentro de você.

Reflexão psicológica

Caso se identifique com seu corpo, com suas opiniões, com suas emoções ou com o que possui, você tem um problema porque tudo isso é mutável.

É melhor colocar sua energia e sua determinação no que não muda, ou no que só depende de você. Por exemplo, seu espírito de luta depende de você. Sua vontade de ser uma pessoa melhor depende de você. O que faz para se animar quando está triste depende de você. O que faz com que se mova não é o seu corpo, mas o espírito que você alimenta.

Pense em algo que depende de você e sobre como poderia agir para melhorar sua vida ou para alcançar algum objetivo que estabeleceu para si mesmo/a. Ao mesmo tempo, pense no que não depende de forma alguma de você.

#18 SEU VALOR VERDADEIRO

Pergunta/comentário de um buscador

Como posso evitar tantos altos e baixos emocionais em minha vida?

Resposta de Marco Aurélio (XII-XIX)

É hora de perceber que há dentro de você algo mais poderoso e divino do que aquilo que move suas paixões e faz com que dance ao seu som.

Reflexão psicológica

Você pode começar apreciando todo o bem que já existe em você e descobrir que pode realizar coisas maravilhosas em sua vida.

Você é mais do que suas emoções e paixões, pois tem a capacidade de pensar, de discernir, de analisar e de avaliar. Não deixe que as suas emoções o/a dominem e o/a sacudam como um boneco, como nos aconselha Marco Aurélio.

Há algum aspecto da sua vida sobre o qual você deveria usar mais seu raciocínio e seu julgamento saudável, e não se deixar levar tanto pelas suas emoções?

#19 OS SÁBIOS

Pergunta/comentário de um buscador

Como posso ser a melhor versão de mim mesmo/a?

Resposta de Marco Aurélio (IV-XXXVIII)

Observe com atenção os princípios que guiam os sábios para entender o que evitam e o que perseguem.

Reflexão psicológica

Quem é sábio para você e o que esse sábio deseja? A história da humanidade tem milhares de exemplos de *homens sábios* como Sócrates, Buda, Confúcio, Lao-tsé, Platão, Sêneca, Epíteto ou Marco Aurélio. O que eles desejavam? Não estavam procurando o melhor da vida? Afinal, não podemos aprender com seus valores e otimismo para encarar as coisas com mais serenidade e menos drama? Se tentar imitá-los, você não será um ser humano melhor?

Se não existe em você o desejo natural de mais sabedoria, poderia pelo menos tentar aprender com os sábios para ser mais feliz e sofrer menos.

#20 OLHO POR OLHO

Pergunta/comentário de um buscador

Dizem que a vingança é doce.

Resposta de Marco Aurélio (VI-VI)

A melhor maneira de se defender das pessoas que o/a ofendem é não se parecer com elas.

Reflexão psicológica

Se agir na base do "olho por olho" você será diferente daquela pessoa que agiu contra você? Gandhi disse: "Olho por olho, e o mundo ficará cego". Segundo Mirdad, vivemos para aprender a amar e amamos para aprender a viver.

Portanto, a melhor defesa será aprender a amar e a perdoar. Mas não é por isso que devemos nos deixar maltratar nem consentir em comportamentos abusivos. Podemos ter compaixão, mas conservando nosso bem-estar.

#21 NÃO É NADA PESSOAL

Pergunta/comentário de um buscador

O que posso pensar ou fazer para não levar tudo tão a sério?

Resposta de Marco Aurélio (IX-IV)

Quem comete uma falta comete-a contra si mesmo. Quem comete uma injustiça, prejudica a si mesmo.

Reflexão psicológica

Quando somos criticados ou insultados, muitas vezes levamos isso para o lado pessoal. Do mesmo modo, quando alguém age contra nós ou quando acreditamos que o tratamento recebido não é justo, geralmente levamos para o lado pessoal. Sentimos injustiça e infortúnio, percebemo-nos como vítimas da situação.

Porém, Marco Aurélio nos diz: aquele que age mal prejudica a si mesmo. Aquele que tenta fazer mal ao outro só prejudica a si mesmo. Cada pensamento, palavra e ato retorna como um bumerangue para a pessoa que pensou, falou ou agiu mal.

Alguma vez já se sentiu mal por algo que parecia ir contra você, mas, na verdade, não tinha nada a ver com você?

#22 A AMABILIDADE
E A COMPAIXÃO

Pergunta/comentário de um buscador

Há muita gente ignorante no mundo. Como posso me relacionar com pessoas assim?

Resposta de Marco Aurélio (II-XIII)

Às vezes, você também deve sentir compaixão por aquelas pessoas que perderam o rumo na vida, pois são como um cego que não consegue distinguir o branco do preto. É a ignorância que as impede de diferenciar entre o bem e o mal.

Reflexão psicológica

Vivemos em uma época em que as pessoas têm o amor desordenado, como dizia São João da Cruz. Isso significa que a hierarquia dos valores da maioria das pessoas leva a mais sofrimento e a menos paz de espírito, sabedoria e bem-estar. As pessoas desperdiçam sua vida perseguindo objetivos como dinheiro, poder ou experiências prazerosas, para descobrir mais tarde que desperdiçaram sua vida buscando o que não lhes daria plenitude e felicidade duradoura.

Marco Aurélio nos diz que, por isso, a amabilidade e a compaixão por todos são tão importantes. Todos nós somos almas em luta, todos experimentamos situações de sofrimento que não podemos imaginar. Como Jesus disse: "Pai, perdoa-lhes porque não sabem o que fazem".

#23 A QUEM INTERESSA?

Pergunta/comentário de um buscador

Preocupo-me muito com o que as outras pessoas pensam. Como posso alcançar um nível mais alto de autoestima nesse sentido?

Resposta de Marco Aurélio (XII-IV)

Afinal, se você dá mais importância à opinião dos outros do que à sua própria, ainda pode dizer que respeita a si mesmo/a?

Reflexão psicológica

Por que dar mais importância ao que os outros pensam sobre você quando isso o/a limita e o/a desencoraja de conseguir coisas boas em sua vida e de se olhar com amor?

Lembre-se de alguma situação em sua vida na qual você se sentiu rejeitado/a (pelo seu parceiro, pais, um amigo, no trabalho...). O que aprendeu com essa experiência?

#24 A ESCUTA

Pergunta/comentário de um buscador

Tenho de me relacionar com pessoas que são muito diferentes de mim. Não há química, não nos entendemos... O que posso fazer para me conectar melhor com elas?

Resposta de Marco Aurélio (VI-LIII)

Acostume-se a escutar atentamente o que os outros estão dizendo e tente entrar no espírito daquele que está falando.

Reflexão psicológica

Imagine alguém que, no final do verão, pergunta ao colega de trabalho como foram as férias. Mas antes de ouvir a resposta, ele começa a contar suas próprias férias. Esse colega descobrirá, decepcionado, que a pergunta era apenas um pretexto para que o outro pudesse esvaziar seu conteúdo mental das próprias férias sob a falsa desculpa de querer escutar. O que essa pessoa realmente queria é que alguém a escutasse.

A escuta autêntica requer atenção, concentração, interesse verdadeiro e empatia. Quando você escuta alguém está consciente do objetivo da comunicação dessa pessoa? Talvez ela queira apenas desabafar, obter reconhecimento ou ter alguém ao seu lado. Todos apreciam a escuta verdadeira.

Você se lembra de alguma conversa que teve com alguém na qual realmente se sentiu ouvido? O que fez com que se sentisse assim?

#25 DEPOIS DA MORTE

Pergunta/comentário de um buscador

A ideia da morte não aterroriza você?

Resposta de Marco Aurélio (II-XI)

Deixar este mundo não é nada terrível. Se o mundo espiritual existir, nada de ruim lhe acontecerá. Mas se o divino não existe, ou nós, humanos, não importamos, o que importa deixar um mundo vazio e sem sentido espiritual?

Reflexão psicológica

Marco Aurélio nos oferece um pensamento para ganhar serenidade sobre um tema que em nossa sociedade ocidental se tornou quase um tabu: a morte.

Convida-nos a refletir sobre a ideia de que existem apenas duas opções. A primeira é a existência de algo mais quando morremos (algo a que os filósofos devotaram toda a sua vida, investigando por meio de práticas a que chamavam de iniciação aos mistérios da vida e da morte). A segunda alternativa é que não existe nada.

Se não existe nada, por que se preocupar? Segundo Marco Aurélio, um mundo em que não existe nada é um mundo de alguma forma sem sentido. E se existe algo, você deveria agir nesta vida como os deuses gostariam, ou Deus, se estivessem observando você constantemente. Aja para que, se um dia tiver de ficar face a face com Deus, seja um encontro agradável.

#26 A ORDEM PERFEITA

Pergunta/comentário de um buscador

Às vezes penso que a vida não tem sentido.

Resposta de Marco Aurélio (II-III)

Você é parte de algo que lhe é superior, chamado natureza ou vida. Em nossa existência acontecem coisas que, embora não as entendamos, ocorrem para conservar a ordem perfeita desse conjunto superior.

Tudo o que ocorre contribui para um bem maior e tem um significado.

Reflexão psicológica

Tudo neste mundo está relacionado, entrelaçado. Nada acontece por acaso, tudo está em uma ordem perfeita que não conseguimos entender. Então, não seria melhor ter fé nessa ordem e confiar no fato de que tudo o que é inevitável é como deveria ser?

A vida tem sentido independentemente de você acreditar nele ou não.

#27 O TEMPO DE SUA VIDA

Pergunta/comentário de um buscador

Prefiro pensar que ainda me resta muito tempo de vida. Ninguém quer pensar na morte.

Resposta de Marco Aurélio (II-XI)

Lembre-se de que você não viverá para sempre; aja, fale e pense como se estivesse para sair desta vida. Assim, terá suas prioridades mais claras e administrará melhor o seu tempo.

Reflexão psicológica

O que você faria se tivesse certeza de que tem pouco tempo de vida? Como trataria seus entes queridos? Como suas prioridades mudariam?

Viva cada dia como se fosse o último, priorizando o que realmente importa na vida.

#28 INTERPRETE SEU MELHOR PAPEL

Pergunta/comentário de um buscador

O que posso fazer para aceitar melhor a incerteza durante minhas crises?

Resposta de Marco Aurélio (IV-XXVI)

O que lhe acontece não depende de você. Aceite tudo o que lhe acontece e que não pode controlar, pois tudo foi predestinado pela "natureza universal". Concentre-se melhor na parte positiva com a qual você pode contribuir para resolver cada crise.

Reflexão psicológica

Você é simplesmente o intérprete de um papel atribuído pelo "diretor". Não escreve a peça, tampouco conhece o roteiro completo, nem tem a capacidade de escrevê-lo. Você é apenas um ator entre uma infinidade de atores.

Acredita que a peça vai mudar só porque não gostou da cena que lhe coube? Quando não pode mudar o que acontece, sempre pode escolher sua reação, sua melhor maneira de enxergá-lo e de pensar sobre isso. O que mudará tudo.

Você não é o diretor, e sim o protagonista do filme. Interprete melhor seu papel.

#29 ACEITE TUDO O QUE LHE ACONTECE

Pergunta/comentário de um buscador

Será que aceitar meu destino não é conformismo negativo? Não acredito que as coisas ruins que me acontecem tenham algo de positivo.

Resposta de Marco Aurélio (V-VIII)

Quando aceita o que o destino lhe oferece e tenta cooperar com o inevitável, você o faz na esperança de evoluir, pois tudo o que lhe acontece tem um sentido, mesmo que não o compreenda.

De que adiantaria resistir a tomar o remédio que o médico lhe oferece para melhorar sua saúde? Assim como um médico pode recomendar certas atividades e certos remédios desagradáveis para você melhorar, as circunstâncias desagradáveis trazidas pela vida/universo também têm seu propósito. Você deveria acatá-las pensando no que irão ajudá-lo a melhorar como ser humano.

Reflexão psicológica

Como afirmava o Padre Pio de Pietrelcina: "Uma mãe está bordando. Seu filho, sentado em um banquinho, contempla o trabalho, mas do lado do avesso, vendo os nós do bordado e os fios embaralhados. E diz: 'Mamãe, posso saber o que está fazendo? Não dá para ver direito o trabalho!' Em seguida, a mãe abaixa o bastidor e mostra ao filho a parte boa do bordado. Cada cor está em seu lugar e a variedade dos fios se ajusta à harmonia do desenho. É exatamente disso que se trata! Vemos o avesso do bordado; estamos sentados em um banquinho baixo".

Como sua vida pode melhorar se você der mais importância a tudo que não entende? Como seria se tivesse mais confiança em sua capacidade de aceitar, de aprender, de crescer e de evoluir?

#30 AQUILO QUE NÃO DEPENDE DE VOCÊ

Pergunta/comentário de um buscador

Entro em pânico com tudo que não depende de mim: ser abandonado/a pelo/a companheiro/a, ser demitido/a do trabalho, ficar doente...

Resposta de Marco Aurélio (V-XXXV)

Faça a si mesmo/a esta pergunta: se fez o melhor possível e com a melhor intenção possível, mas ainda assim algo ruim lhe acontece, por que deveria se preocupar?

Reflexão psicológica

Se o que acontece não depende de você, aceite. Você depende muito mais do acaso do que pensa. De que adianta se culpar por aquilo que não pode controlar? Não seria melhor se colocasse toda a sua energia e esforços no que depende de você?

Existe alguma questão em sua vida que o/a preocupa, mas que não depende de você?

#31 AS COISAS SÃO COMO SÃO

Pergunta/comentário de um buscador

Há coisas no meu corpo e na minha personalidade que acho difícil de aceitar.

Resposta de Marco Aurélio (VI-XXXIX)

Acostume-se com o que o destino escolheu para você.

Reflexão psicológica

Como Jesus disse, até os fios de cabelo de nossa cabeça estão contados. A mesma mensagem nos dá um provérbio hindu; ele diz que cada grão de arroz traz escrito o nome da pessoa que deve comê-lo. Ao passo que uma atitude zen tem a seguinte abordagem: se você compreende, as coisas são como são; se não compreende, as coisas são como são.

No entanto, nos deixamos levar pela ilusão de controle, acreditando que podemos mudar muitas coisas.

Que atitude poderia ajudá-lo/a a aceitar tudo o que acontece com você na vida?

#32 A CRÍTICA DO OUTRO

Pergunta/comentário de um buscador

Ofendo-me facilmente com as críticas das pessoas. O que posso fazer?

Resposta de Marco Aurélio (IV-XI)

Caso alguém o/a ofenda, não interprete as coisas da forma como essa pessoa as interpreta nem deixe mudar sua própria opinião. Apenas olhe para as coisas objetivamente como elas realmente são.

Reflexão psicológica

Não deveríamos nos deixar influenciar pelas opiniões das pessoas que têm intenção de ofender. Se você permanecer tranquilo/a diante de tal situação e for paciente, haverá apenas um tolo. Mas caso se deixe levar pela raiva e reagir com agressividade, haverá dois tolos.

Se um louco em um hospício elogiá-lo/a dizendo que você é deus ou insultá-lo/a dizendo que você é satanás, você o ouviria? Esse mesmo ponto de vista pode ser adotado na vida real se alguém tentar ofendê-lo/a gratuitamente. Se der muita importância às críticas dos outros, então essas críticas se tornarão muito importantes para você. O que vai escolher?

#33 PAZ MENTAL

Pergunta/comentário de um buscador

Sou uma pessoa muito ambiciosa, gostaria de ter uma carreira cheia de sucessos e reconhecimento no trabalho para poder me permitir todos os caprichos e prazeres que me apetecem, e não ter de me privar de nada. Isso é ruim?

Resposta de Marco Aurélio (VI-LI)

Aquele que adora a fama depende do que os outros fazem ou dizem sobre ele. Aquele que ama o prazer depende de suas paixões. Aquele que adora a sabedoria depende de suas próprias ações.

Tenha cuidado com o que persegue. Somente quando buscar o autoconhecimento e a sabedoria você alcançará a autorrealização e será verdadeiramente livre.

Reflexão psicológica

Como você pode adquirir sabedoria e paz mental: com a ajuda de outras pessoas, satisfazendo suas paixões ou com dinheiro?

É importante entender o que é a felicidade para você e de que maneira tenta ser feliz. Às vezes acreditamos que se tivermos sucesso profissional seremos felizes. Ou se fôssemos ricos, ou se tivéssemos um filho... então seríamos felizes. Mas... não existem pessoas que são profissionalmente bem-sucedidas, ricas, têm filhos e ainda se sentem frustradas, vazias, infelizes? Isso ocorre porque procuram a felicidade no lugar errado: procuram no lado de fora, em vez de no de dentro. Como disse Dalai Lama: "A paz mental e a sabedoria devem ser criadas por você mesmo".

Quem você prefere ser: uma pessoa ambiciosa e luxuriosa, ou alguém com paz mental? A escolha é sua.

#34 AGRADAR AOS OUTROS

Pergunta/comentário de um buscador

Sacrifiquei-me muito pelos outros e agora percebo que é difícil priorizar a mim mesmo/a.

Resposta de Marco Aurélio (VII-XXXIV)

Preste atenção em como a mente é curiosa. Ao observar a natureza dos pensamentos das outras pessoas preste atenção em como elas são, o que evitam e o que buscam, e também como gastam sua energia nisso.

No entanto, tudo muda rapidamente, assim como a areia da orla do mar, que é rapidamente coberta por mais areia trazida pelas ondas.

Não deixe que o seu passado o/a afete, pois tudo é passageiro.

Reflexão psicológica

Veja o exemplo de uma pessoa para quem é demasiado importante agradar aos outros. Preocupa-se com que pensem mal dela e se esforça demais em gostar; sacrifica-se e deixa de ser fiel aos seus valores. No final de sua existência percebe que não viveu sua própria vida, mas a dos outros, e que esse sacrifício não valeu a pena.

Marco Aurélio nos lembra como tudo é efêmero ou passageiro nesta vida. Enquanto a opinião alheia dura muito pouco, como algo escrito na areia, cuidar dos seus valores e da sua consciência é algo duradouro, como escrever na pedra.

Por quanto tempo você deseja buscar glória, fama, *status*, poder... sacrificando sua paz e dignidade?

#35 DEPENDE SÓ DE VOCÊ

Pergunta/comentário de um buscador

Às vezes me deixo manipular pelos outros porque não tenho coragem de dizer não.

Resposta de Marco Aurélio (V-X)

Esses dois pensamentos podem tranquilizá-lo/a:

Nada vai acontecer com você que não esteja predestinado e que não deva acontecer, de acordo com a ordem do universo.

Ninguém pode obrigá-lo/a a fazer algo contra seus valores ou seu deus interior. Você sempre decide o que fazer.

Reflexão psicológica

Alguém pode fazer com que você seja infiel a si mesmo/a, aos seus princípios e às suas virtudes, e com que pare de ouvir sua alma sem o seu consentimento?

Depende só de você não pensar, falar ou agir contra si mesmo/a.

#36 A INTROSPECÇÃO

Pergunta/comentário de um buscador

O que posso fazer quando os problemas diários (trabalhistas, familiares, sentimentais etc.) não me permitem recarregar minhas energias? Estou sempre exausto/a e perturbado/a.

Resposta de Marco Aurélio (VI-XII)

Você pode aceitar isso com filosofia. Se tivesse uma madrasta e sua mãe verdadeira, respeitaria a primeira, mas ficaria mais confortável com a segunda. É o mesmo com as atividades mundanas e a filosofia. Sempre descanse nos braços da verdadeira filosofia e sempre retorne a ela. Graças a ela, será mais fácil para você lidar com as atividades mundanas e seus problemas.

Reflexão psicológica

Até o Super-homem recorria a um lugar de descanso onde recarregava suas forças e se comunicava com seu pai. Nestes tempos modernos você pode praticar meditação e outros exercícios introspectivos que ajudam o cérebro e o corpo a se recuperarem alcançando níveis ideais por meio desse descanso intencional. Também existem filosofias ou maneiras de perceber o mundo que podem ajudá-lo/a a desdramatizar as situações e a viver melhor. É muito provável que Marco Aurélio tenha feito essas duas práticas.

E você, como recarrega as baterias?

#37 TUDO TEM SUA GRAÇA

Pergunta/comentário de um buscador

Este mundo está cada vez pior.

Resposta de Marco Aurélio (III-II)

Isso pode ajudá-lo/a a lembrar que até mesmo aquilo de que você não gosta na natureza ou na vida e que, igualmente, tudo o que acontece contêm certa beleza; tudo o que acontece tem um encanto próprio para quem sabe apreciá-lo.

Reflexão psicológica

Uma flor artificial pode ser muito estética e bela, mas quando você chega perto para cheirá-la descobre que ela não tem o perfume que caracteriza uma autêntica flor natural. Da mesma forma, você pode se perguntar: quem sou eu? Eu saberia como encontrar em mim aquilo que tem graça e encanto? Saberia como encontrá-lo nos outros e na vida?

Se o Criador é perfeito, sua criação e tudo o que acontece nela também devem sê-lo. Quem somos nós para dizer que não é assim?

#38 O PERDÃO

Pergunta/comentário de um buscador

Custa-me perdoar.

Resposta de Marco Aurélio (IV-III)

Todos os seres racionais precisam tolerar uns aos outros se quiserem ser bons e justos.

Lembre-se de que muitas pessoas, depois de criarem inimizades com os outros, de terem suspeitas, ódios e guerras, hoje já estão na sepultura e não passam de cinzas.

A vida é curta; pare de se enraivecer.

Reflexão psicológica

Como a vida é curta e passa muito rápido, por quanto tempo você quer alimentar rancor por algumas pessoas? Quem sofre mais com esse rancor, você ou a outra pessoa?

Quando está aborrecido/a, o perdão é o único remédio. Quando você perdoa sinceramente, a primeira pessoa a se beneficiar é você ao se libertar de um peso. Podemos perdoar as outras pessoas, nós mesmos, a vida, uma empresa com a qual estamos aborrecidos... o perdão não tem limites.

Se o perdão é tão benéfico para suas emoções e sua mente, por que você não o experimenta e pratica com mais frequência? Existe alguém ou algo em sua vida que deveria perdoar? Como se sentiria se o fizesse?

#39 AS OPINIÕES DOS OUTROS

Pergunta/comentário de um buscador

Tenho de admitir que gosto de fofoca; quero saber o que acontece na vida dos outros e às vezes me pego criticando os outros...

Resposta de Marco Aurélio (IV-XVIII)

Quanto tempo ganha quem não olha para o que a outra pessoa diz, faz ou pensa, mas apenas para o que ela mesma faz.

O que você não gosta nos outros, melhore em suas próprias ações.

Reflexão psicológica

Quanto tempo e energia você ganharia se prestasse menos atenção nos outros? Pare de pensar no que os outros pensam e preocupe-se em ser uma boa pessoa, com valores e virtudes.

Se está interessado/a no seu crescimento pessoal, o que não gosta nos outros melhore em si mesmo/a. Pergunte-se: nesta semana, o que posso melhorar em mim mesmo/a que não me agrada nos outros?

#40 NÃO SE DESVIE
DO CAMINHO

Pergunta/comentário de um buscador

Quando percebo que os outros duvidam de mim, de minhas habilidades e de meus pontos fortes, geralmente perco a motivação e fico bloqueado/a diante de uma meta que estabeleci para mim mesmo/a.

Resposta de Marco Aurélio (IV-XVIII)

Não olhe ao seu redor, mas corra em linha reta e sem vaguear. Dessa forma, será mais fácil para você atingir seus objetivos.

Reflexão psicológica

Em vez de julgar os outros, observe a si mesmo/a. Habitue-se a se concentrar em seus próprios pontos fortes, em vez de nos pontos fracos dos outros. Ninguém vencerá uma guerra com sua fraqueza, mas com seu poder.

Aqueles que dizem que algo não pode ser alcançado não deveriam interromper aqueles que já o estão fazendo. Se você sabe que está realizando algo bom, por que deixar que aqueles que não acreditam nisso o desanimem?

Sempre que perseguir uma meta encontrará barreiras que tentam detê-lo/a ou distraí-lo/a, ou pessoas que irão criticá-lo/a ao longo do caminho. Uma boa definição de obstáculos é pensar que estes são o que vemos quando desviamos o olhar de nosso objetivo.

Caso se distraia, perceba e aceite: "Eu me distraí". Em seguida, autoequilibre-se, redirecionando sua atenção, seus pensamentos, suas emoções e suas ações para o caminho que o levará a um bom porto na vida.

#41 TENHA SEU PRÓPRIO CRITÉRIO

Pergunta/comentário de um buscador

Às vezes, quando estou com minha família, imagino se é melhor me adaptar e criar um clima de harmonia ou dizer e fazer o que considero correto e contrariá-los...

Resposta de Marco Aurélio (IV-XLVI)

Você pode respeitar sua família e, ao mesmo tempo, estar consciente de que não deve seguir cegamente suas opiniões prejudiciais e negativas apenas "por serem da família". Nem é bom que você justifique suas más ações mostrando que "assim fui educado".

Você é responsável por suas ações, você tem o poder de escolha.

Reflexão psicológica

Você às vezes faz algo só porque "sempre foi feito assim" ou repete as palavras ou ações de outros sem pensar se elas refletem a verdade?

Marco Aurélio nos incentiva a ter critérios próprios. Devemos ouvir os outros e avaliar o que dizem, mas não seguir cegamente suas opiniões e conselhos.

Pense em algo que seus pais ou outras pessoas próximas a você costumavam sempre dizer durante sua infância. A mente de uma criança é como uma esponja que absorve tudo o que vê e ouve. Às vezes copiamos os outros sem nem mesmo perceber, mas porque nos acostumamos. Existe algo que "adotou" das pessoas que o/a cercam e que, na realidade, você não deveria pensar ou deixar que o modelem?

#42 BUSCAR APLAUSOS E TEMER CRÍTICAS

Pergunta/comentário de um buscador

Quando não consigo sucesso na vida nem a aprovação dos outros, sinto-me inútil e fracassado.

Resposta de Marco Aurélio (VIII-LII)

Existe muita gente perdida nesta vida. Há pessoas que não sabem qual é o verdadeiro propósito do ser humano, não compreendem como funciona este mundo ou onde realmente estão... nem pensam nisso.

Afinal, faz sentido buscar a aprovação de gente superficial e perdida?

Reflexão psicológica

Qual o sentido de buscar aplausos ou temer as críticas de pessoas superficiais que não estão interessadas em compreender os mistérios da vida, que nada sabem da existência e que também não têm um propósito virtuoso em sua própria vida?

É fácil fazer e dizer o que os outros gostam e, desse modo, receber "aplausos". Mas isso não o deixará feliz a longo prazo. Não apenas porque nem sempre você pode ser amado/a por todos, mas porque a felicidade verdadeira e duradoura não depende de ninguém além de você mesmo/a.

Está buscando a aprovação de alguém? E se fizer o que parece correto para você, independentemente do que essa pessoa pensa? Como você se sentiria?

#43 BUSCAR A VERDADE

Pergunta/comentário de um buscador

O que é melhor: que lhe digam a verdade, mesmo que dolorosa, ou que lhe ofereçam uma mentira piedosa para que você não sofra? E quanto à crítica construtiva?

Resposta de Marco Aurélio (VI-XXI)

Sou um buscador da verdade e acho que ela nunca fez mal a ninguém. O que nos prejudica é permanecer no autoengano e na ignorância.

E se alguém criticar minha conduta porque me desviei da verdade e tentar me ajudar a retificá-la, aceitarei sem problemas.

Reflexão psicológica

Todos nós temos a capacidade do discernimento para poder escolher como reagir, como pensar de maneira intencional e que decisões tomar nas diferentes situações da vida.

Em muitas ocasiões, essas situações são as críticas de outras pessoas. Podemos escolher como reagir a uma crítica: nos aborrecemos e nos deixamos levar pelo orgulho, ou contemplamos o que há de razão nessa crítica que pode nos ajudar a crescer. No final, como Buda disse, mesmo que alguém lhe ofereça muitos pratos, você escolherá qual comerá e qual deixará. A crítica é um tanto semelhante.

Você se lembra de alguma crítica que o ajudou a corrigir ou a melhorar algo? Você teve de deixar de lado alguma crítica como um prato que decidiu não comer? Qual e por quê?

#44 AS MUDANÇAS NA VIDA

Pergunta/comentário de um buscador

Tenho medo da mudança. Estou confortável com minha situação atual e quero que tudo continue assim.

Resposta de Marco Aurélio (VII-XVIII)

Por que você se preocupa com a mudança? Por acaso algo pode ser produzido sem uma mudança?

Observe as mudanças na natureza. É impossível acender o fogo sem a transformação da lenha. Antes que seu corpo possa digerir algo, antes você deve transformar seus alimentos. Um processo vital pode ocorrer sem que algo mude?

Para a natureza e a vida, as mudanças são necessárias e inevitáveis. O mesmo se aplica ao ser humano.

Reflexão psicológica

Como disse Heráclito, a mudança é a única constante. Tudo neste mundo está mudando constantemente.

Enquanto você está lendo isto, muitas mudanças estão acontecendo em seu corpo; porque se não houver mudança, não há vida.

Que coisas boas em sua vida mudaram para que, somente graças a essas mudanças que você temia no passado, possa agora desfrutar de algo muito melhor?

#45 SEU GRÃO DE AREIA

Pergunta/comentário de um buscador

Sinto que não avanço em minha vida; não importa o quanto me esforce, não noto progresso importante algum. Como não me frustrar?

Resposta de Marco Aurélio (IX-XXIX)

O que você pode fazer é se limitar ao que a natureza lhe exige a cada momento. Não pense que vai criar um grande império como a república de Platão. Faça o que tiver de fazer, e ponto-final, sem se distrair comparando-se ou olhando ao seu redor.

Esteja satisfeito/a com o mínimo progresso e considere que o resultado desse progresso não é pouca coisa.

Reflexão psicológica

Você não vai mudar o mundo, não vai estabelecer a justiça suprema nem vai convencer os outros a verem o mundo com os seus olhos. Mas se puder contribuir com seu grão de areia para melhorar um ser humano, por que não o fazer?

Que oportunidades você tem e não aproveita para ajudar a melhorar a existência de outras pessoas?

#46 NÃO PEÇA O IMPOSSÍVEL

Pergunta/comentário de um buscador

Se todos nós fôssemos pessoas boas não haveria problemas no mundo. Mas hoje elas só se interessam em descobrir como podem se aproveitar das outras. Vivemos em uma sociedade muito egoísta...

Resposta de Marco Aurélio (IX-XLII)

Se encontrar alguém desonesto ou sem valores, pergunte-se: é possível que não haja pessoas más neste mundo? Não é possível. Portanto, não peça o impossível. Você pode se lembrar desta frase: "Esta é uma daquelas pessoas desonestas que necessariamente têm de existir no mundo".

Reflexão psicológica

Se você aceita que há pessoas ignorantes no mundo, por que se surpreende ao encontrar uma pessoa assim? Você se acha tão especial a ponto de estranhos ou pessoas mal-intencionadas nunca se aproximarem de você?

É sempre bom ajustar suas expectativas à realidade.

Você sempre tem o poder de escolher como reage ao que a realidade lhe apresenta.

#47 O QUE IMPORTA É SUA ATITUDE

Pergunta/comentário de um buscador

Sou um/a perdedor/a, não levanto a cabeça. Fui demitido do trabalho. O que vou fazer da minha vida agora?

Resposta de Marco Aurélio (IV-XLIX)

Quando um infortúnio lhe acontece e você reclama, essa situação o impede de ser honesto/a, autêntico/a, gentil, humilde, de ter esperança, confiança e todas as virtudes que fazem parte da natureza do ser humano?

Toda vez que estiver chateado/a, lembre-se: ter de passar por uma situação desconfortável não é uma desgraça, mas aceitar isso com filosofia é uma virtude.

Reflexão psicológica

Você não pode decidir sobre o que lhe acontece, mas pode decidir sobre a atitude a respeito. Os acontecimentos externos podem impedi-lo/a de manter uma atitude positiva?

Pense em alguém que teve de suportar algum infortúnio e, apesar disso, conseguiu se manter positivo/a. O que você pode aprender com essa pessoa?

#48 RETORNE AO CAMINHO CORRETO

Pergunta/comentário de um buscador

Cometi um erro e me sinto muito culpado por isso.

Resposta de Marco Aurélio (V-IX)

Não se chateie, nem desista, nem desanime se você se desviou do bom caminho. Quando fracassar, aprenda com seus erros e retorne ao caminho adequado. Você se sentirá satisfeito/a se conseguir que suas ações sejam dignas de uma pessoa boa.

Aprenda a amar os princípios e ações que fazem de você uma boa pessoa, e retorne a eles toda vez que se desviar.

Reflexão psicológica

Não se sinta mal caso se desvie do caminho correto, contanto que retorne para ele. Talvez isso seja necessário para que aprenda a importância de continuar agindo de acordo com seus bons princípios.

Você já cometeu um erro que o ajudou a se tornar uma pessoa melhor, talvez uma pessoa mais humilde, compreensiva e compassiva?

Como você pode encontrar a si mesmo/a se não se sentir perdido/a?

#49 NADA DURA
PARA SEMPRE

Pergunta/comentário de um buscador

Estou passando por um momento ruim. Não sei quanto tempo vai durar e preciso de uma orientação para me animar um pouco.

Resposta de Marco Aurélio (V-XXIII)

Lembre-se de que tudo passa e desaparece muito rapidamente neste mundo.

Tudo muda constantemente e de maneira definitiva, como um rio que não para de correr, até mesmo as coisas que nos preocupam ou nos desgostam.

Seja paciente e verá como aquilo de que não gosta desaparece e muda, assim como acontece com todo o resto.

Reflexão psicológica

Se nada dura para sempre, de que adianta se preocupar tanto? Lembre-se de suas preocupações anteriores e como foram resolvidas, e como se sente a respeito agora. Valeu a pena se preocupar tanto?

Quanto a preocupação de hoje será importante daqui a cinco anos? E em dez anos? Se não importa muito, não é melhor se dedicar hoje ao que permanecerá relevante com o passar do tempo?

#50 DAR SEM RECEBER NADA EM TROCA

Pergunta/comentário de um buscador

É muito triste quando você faz algo por alguém e essa pessoa rapidamente se esquece disso, não se lembra mais de você ou tenta retribuir o favor no futuro. Por que ajudar as pessoas quando são tão egoístas depois?

Resposta de Marco Aurélio (V-VI)

Quando fizer um favor a alguém, não fique esperando nenhuma oportunidade para que esse favor seja retribuído nem pense que essa pessoa lhe deve algo.

É melhor agir como a videira que não espera nada em troca por produzir uvas, o cavalo por correr, o cão por farejar a presa ou a abelha por fazer mel.

Ser uma boa pessoa faz parte da sua natureza humana; não busque uma troca de favores.

Reflexão psicológica

Estamos acostumados ao fato de nada ser grátis nesta vida, de um favor ter de ser pago com outro. Esquecemos o prazer que vem de fazer algo por outro ser humano sem exigir nada em troca, fazendo-o apenas porque temos um bom coração e a vontade de ajudar. Quando foi a última vez que você fez algo por outra pessoa sem esperar nada em troca e sem pensar que fez um grande favor a essa pessoa?

Quais são os frutos que você dá aos outros? A quem você pode começar a ajudar com suas ações hoje, se decidir fazê-lo?

#51 A COMPAIXÃO

Pergunta/comentário de um buscador

Há pessoas que se comportaram muito mal comigo e não merecem ser perdoadas.

Resposta de Marco Aurélio (VII-XXII)

Como ser humano, você pode perdoar e sentir afeto até mesmo por aqueles que o ofendem. Pense que todos nós somos humanos, e aqueles que agem mal o fazem porque sua ignorância os impede de fazer bom uso de sua vontade.

A vida é curta, e em pouco tempo todos teremos desaparecido deste mundo. Além disso, reflita: ninguém realmente lhe fez mal, pois ninguém pode piorar seus princípios e valores, uma vez que esses princípios e valores dependem de você.

Reflexão psicológica

Se uma criança agir contra nós, provavelmente não levaremos isso a sério porque ela age por falta de entendimento. Podemos pensar o mesmo de nossos familiares e entes queridos, ainda que isso nos custe. E se, no entanto, mantivermos a mesma atitude com todas as pessoas do mundo? O que se passa dentro de nós quando aceitamos a maldade dos outros, aprendemos a não ser suas vítimas e, ainda assim, escolhemos perdoar sua ignorância?

Compaixão não significa estar cego, mas amar, apesar de ver todo o mal que nos rodeia. Como disse uma mulher que sofreu abusos repetidos: "Eles podem espancar e estuprar meu corpo, mas não podem ferir minha alma sem o meu consentimento".

#52 CONSEGUIR O IMPOSSÍVEL

Pergunta/comentário de um buscador

Não consigo nada do que me proponho. Nem parar de fumar, nem conseguir uma promoção no trabalho, nem encontrar um bom parceiro... Será o meu destino?

Resposta de Marco Aurélio (VI-XIX)

Não pense que se algo lhe exige muito esforço é impossível de ser alcançado. Se algo é possível para outro ser humano também está ao seu alcance.

Melhor pensar: "se alguém com uma mente humana conseguiu fazer e entender isso, eu também posso".

Reflexão psicológica

Você já fez algo que considerou impossível de realizar ou de conseguir? Quando algo lhe custa muito ou é considerado impossível, você usa modelos de pessoas que alcançaram isso para inspirá-lo/a? Você está realmente tentando entender como os outros fizeram isso para que também possa fazê-lo?

Para ser mestre, antes é necessário ser um bom aprendiz.

#53 AS BOAS INFLUÊNCIAS

Pergunta/comentário de um buscador

Como posso melhorar minhas relações com os outros?

Resposta de Marco Aurélio (VI-XLVIII)

Pense com frequência nas qualidades das pessoas ao seu redor: a energia deste, a discrição daquele, a generosidade de um terceiro.

Perceba que nada nos alegra e nos deixa mais contentes do que apreciar as virtudes das pessoas que nos cercam.

Reflexão psicológica

Somos seres influenciáveis. O que nos impressiona influencia nossa maneira de ver o mundo, e nossa maneira de vê-lo influencia a maneira como nos sentimos. Nossas emoções influenciam no que fazemos e nos resultados que obtemos.

Por que, então, não nos deixar influenciar pelas boas qualidades das pessoas ao nosso redor?

A quais pessoas você se expõe com frequência? São uma boa influência para você? Observe seu conteúdo mental e encontrará a resposta.

#54 OS ACASOS E AS DESGRAÇAS

Pergunta/comentário de um buscador

Por que isso acontece comigo? Por que agora?

Resposta de Marco Aurélio (XII-XIII)

É estranho e por vezes ridículo ver quando alguém se surpreende diante de qualquer acontecimento da vida.

Reflexão psicológica

Não nos surpreendemos ao ver os acasos e as desgraças dos outros, mas ficamos assombrados quando nos acontecem. No entanto, quase tudo o que ocorre com os outros também pode ocorrer com você, ou se considera tão especial que nada de desagradável pode lhe acontecer, embora isso aconteça com todos neste processo de aprendizagem chamado vida?

#55 OS OUTROS NÃO DECIDEM POR VOCÊ

Pergunta/comentário de um buscador

Encontro-me em uma situação que me causa muito estresse e não sei se devo continuar lutando e resistindo, ou buscar uma mudança. Alguns me aconselham uma coisa, outros algo diferente, e não sei que decisão tomar...

Resposta de Marco Aurélio (V-XXIX)

Bem, se há um incêndio grave, às vezes é preciso sair dali. Por que você se importaria em sair dessa situação? Enquanto estiver vivo/a você continuará sendo livre e ninguém poderá impedi-lo/a de fazer o que considera correto.

Reflexão psicológica

Se a vida o/a obriga a deixar ou mudar algo, que assim seja. Mas se não há razão para isso, não deixe que os outros decidam em seu lugar. É você quem está nessa situação; então, quem mais deveria estar no comando?

Você é o CEO da sua própria vida. :)

#56 SUA FELICIDADE DEPENDE DE VOCÊ

Pergunta/comentário de um buscador

Como posso ter boa sorte?

Resposta de Marco Aurélio (V-XXXVI)

Ser afortunado/a é ter boas inclinações da alma, bons impulsos, boas ações. Em outras palavras: pense bem, fale bem e pratique boas ações. Tudo o que foi indicado está em suas mãos e melhorará sua boa sorte.

Reflexão psicológica

Sua felicidade depende de você, de sua mentalidade positiva e de suas escolhas. Só você pode criar algo de realmente bom para si mesmo/a em sua própria vida. Boa sorte é a sorte que depende de você. O que vai escolher para ser mais feliz aqui e agora?

#57 QUEM MANDA NO SEU ESTADO DE ÂNIMO?

Pergunta/comentário de um buscador

O que é melhor? Ser autêntico e parecer agressivo por conta disso ou tentar agradar os outros correndo o risco de se tornar uma pessoa submissa?

Resposta de Marco Aurélio (XI-XVIII)

Você deve evitar se aborrecer com os outros e evitar elogiá-los. Ambas atitudes são ruins para a convivência em sociedade e ambas podem prejudicá-lo/a. Tente ser autêntico/a e verdadeiro/a consigo mesmo/a e não deixe que os outros perturbem sua paz de espírito.

Reflexão psicológica

A obsessão pelos outros cria dependência emocional: se permitir que o/a prejudiquem, você ficará triste ou se aborrecerá; e se deixar que o/a admirem, seu ego e seu orgulho crescerão. Desta forma, seu estado de ânimo será uma montanha-russa sem fim, sempre dependente dos outros.

Existe alguém em sua vida que geralmente domina seu humor? Como você pode colocar mais equilíbrio nessa situação para que ela não roube sua paz interior?

#58 BEBER ÁGUA SALGADA

Pergunta/comentário de um buscador

O que pensa das pessoas que acham que a vida é apenas para ser desfrutada?

Resposta de Marco Aurélio (VI-XXXIV)

O equilíbrio é necessário, pois desfrutar de prazeres ilimitados é característico de ladrões, de libertinos, de parricidas e de tiranos.

Reflexão psicológica

Deixar-se levar pelos prazeres é como beber água salgada: quanto mais beber, mais sede terá. A mente e o corpo nunca ficarão satisfeitos; por isso, é melhor conseguir um equilíbrio saudável.

Existe algum prazer em sua vida que o/a escraviza? O que você pode fazer para melhorar a situação?

#59 QUAL É O SEU PROPÓSITO?

Pergunta/comentário de um buscador

No pouco tempo livre que tenho procuro me divertir e relaxar. Não tenho tempo para pensar sobre o propósito da vida ou outras questões profundas.

Resposta de Marco Aurélio (VIII-XIX)

Tudo neste mundo tem um propósito. Você acha que o ser humano nasce só para trabalhar e se divertir?

Reflexão psicológica

Muitas vezes vivemos o dia a dia presos em nossas rotinas diárias, em nossas obrigações e em nossos prazeres. E assim vivemos semana após semana, ano após ano. Raramente paramos para pensar sobre o sentido de nossa vida, sobre por que estamos aqui.

Qual é o propósito da sua vida? Embora possa ser uma pergunta difícil de responder, não vale a pena pelo menos pensar nisso?

#60 ACEITAR O QUE VIER

Pergunta/comentário de um buscador

A vida é muito difícil. Um dia você tem tudo, no outro perde tudo. Como posso viver em meio à incerteza e à instabilidade do mundo?

Resposta de Marco Aurélio (X-XIV)

Se desenvolver humildade e educar sua mente, como faz um bom filósofo, você dirá ao destino: "dê-me o que quiser e tire o que lhe agradar". Não o dirá como um desafio, mas sua maturidade o fará cooperar com o inevitável e o ajudará a ter fé na vida.

Reflexão psicológica

Se pedirmos algo da vida e ela nos conceder, ficaremos felizes. Se não nos der, ficaremos tristes. Esta é a verdadeira felicidade? Não seria melhor não pedir nada e aceitar o que vier e o que se for com gratidão?

#61 AO QUE VOCÊ SE APEGA?

Pergunta/comentário de um buscador

Sofro de ansiedade porque sou muito materialista. Como poderia desenvolver um maior grau de desapego?

Resposta de Marco Aurélio (VII-XXVII)

Aja com o que não tem como se não existisse. Valorize mais o que você possui; observe todas as coisas que já tem e pense no quanto as desejaria se não as tivesse. E tente não desfrutar demais de suas posses para evitar supervalorizá-las e se sentir miserável se algum dia vier a perdê-las.

Reflexão psicológica

Nossa mente funciona por apego. Segundo o psicólogo cognitivo Walter Riso, "o apego é um vínculo mental e emocional (geralmente obsessivo) a objetos, pessoas, atividades, ideias ou sentimentos, originado na crença irracional de que esse vínculo proporcionará, de forma única e permanente, prazer, segurança ou autorrealização".

Quanto mais se apegar a algo, mais difícil será se desapegar dele. Analise seus apegos: a quem ou a que em sua vida você está muito "fisgado"? Existe algo a que você possa se agarrar e que não seja perecível?

#62 QUE A RAIVA NÃO DOMINE VOCÊ

Pergunta/comentário de um buscador

Às vezes é necessário ficar com raiva. Se não ficar com raiva os outros não o levarão a sério.

Resposta de Marco Aurélio (XI-XVIII)

Quando sentir que está começando a se deixar levar pela raiva lembre-se de que não é digno de você se enraivecer. São a paciência e a amabilidade que definem o ser humano. Uma pessoa com paciência e amabilidade tem verdadeira força, coragem e determinação. Alguém que se indigna e que mostra descontentamento não é realmente forte.

Reflexão psicológica

Como disse Buda, agarrar-se à raiva é como agarrar uma brasa com a intenção de jogá-la em outra pessoa; afinal, só você mesmo/a se queimará.

Você já conquistou algo em sua vida agindo com raiva ou impaciência? Se a resposta for "sim", valeu a pena agir dessa forma?

Marco Aurélio nos incentiva a não nos deixar levar pelas emoções negativas. O preço que pagamos por nos sentirmos assim e o preço que os outros têm de pagar por nos tolerar são muito altos.

#63 A IMPORTÂNCIA
DAS COISAS

Pergunta/comentário de um buscador

Como posso gerenciar melhor meu tempo? A quais atividades devo dedicar menos tempo e a quais mais tempo?

Resposta de Marco Aurélio (IV-XXXII)

O primeiro passo é decidir o que é mais importante para você. Quando sabe quais são suas prioridades, você dá a cada coisa a atenção que merece. E assim, no final do dia, não se arrepende de ter prestado demasiada atenção a coisas sem importância.

Reflexão psicológica

Não dê mais importância às coisas, às pessoas e aos acontecimentos do que aquela que realmente têm. Ao contrário, há algo em sua vida que merece mais tempo e dedicação de sua parte e que você está deixando de lado por estar obcecado por coisas banais?

#64 SENTIR-SE BEM AQUI E AGORA

Pergunta/comentário de um buscador

O que você me recomenda para desconectar do estresse e relaxar? Vou para as montanhas, dou um passeio ou faço um retiro?

Resposta de Marco Aurélio (IV-III)

Muitas pessoas procuram relaxar no campo, no litoral e nas montanhas. Mas ir para longe não faz sentido, já que você pode se isolar quando quiser. Você não conseguirá encontrar tanta serenidade em nenhum outro lugar quanto em sua própria alma.

Reflexão psicológica

Se você não está bem consigo mesmo/a, pode estar em qualquer paraíso na terra e continuará não se sentindo bem. Mas se está feliz, o que importa onde você está?

#65 PRATIQUE O QUE LHE
É MAIS DIFÍCIL

Pergunta/comentário de um buscador

Às vezes penso que, devido às atuais circunstâncias, é impossível seguir em frente, que deveria "jogar a toalha".

Resposta de Marco Aurélio (XII-VI)

Se uma tarefa lhe parece impossível passe mais tempo praticando-a. Mesmo a mão esquerda, que é preguiçosa para muitas tarefas, é capaz de realizá-las quando pratica.

Reflexão psicológica

O que você considerava impossível de fazer ou de alcançar até que, com a prática contínua, conseguiu? Pense em uma criança e em todas as etapas de aprendizagem que ela deve passar. A criança não pensa "é impossível andar"; tenta quantas vezes for necessário, até finalmente caminhar.

#66 ACEITE DE BRAÇOS ABERTOS

Pergunta/comentário de um buscador

O que devo pensar ou fazer quando tento controlar o que não posso?

Resposta de Marco Aurélio (X-XXXV)

Se um olho é saudável, ele vê tudo o que é possível ver, e não diz: "gostaria de ver apenas o que é verde". Isso seria típico de um olho doente.

Da mesma forma, uma mente sã está preparada para qualquer coisa. Se sua mente esperasse que você só experimentasse coisas boas, seria como o olho insano que só quer ver o verde.

Reflexão psicológica

Se um olho pudesse ter gostos e preferências, inevitavelmente sofreria toda vez que visse algo que não fosse de seu agrado. Nossa mente tem essa capacidade de discernir e julgar; portanto, ela sofre.

Como o seu bem-estar mudaria se você pudesse ter sempre uma atitude positiva e aceitar tudo o que acontece na sua vida de braços abertos?

#67 OLHE PRIMEIRO PARA SI MESMO/A

Pergunta/comentário de um buscador

Devo ajudar os outros a melhorar seus defeitos?

Resposta de Marco Aurélio (VII-LXXI)

A pessoa madura se concentra em suas próprias áreas de aprimoramento, não nas dos outros.

É possível observar sua própria fraqueza e melhorá-la, porque depende de você. Mas é um absurdo esperar que as fraquezas e os defeitos dos outros desapareçam, já que isso não depende de você.

Reflexão psicológica

Muitas vezes vemos com mais clareza as falhas dos outros do que as nossas. Marco Aurélio nos faz olhar no espelho, reconhecer nossa própria "maldade" (tudo de mau que vem de nós e que podemos evitar) e tentar melhorar. Devemos concentrar nossos esforços em ser pessoas melhores, em vez de julgar os outros e tentar mudá-los.

Você não pode se afastar do que vem de fora, mas pode melhorar o que vem de dentro, o que sua mente gera. Em vez de lutar contra o "mal" que você percebe nos outros, que tal lutar para ser um bom exemplo para eles?

#68 FAÇA O MELHOR POSSÍVEL

Pergunta/comentário de um buscador

Estou em uma situação na qual a única coisa que posso fazer é me deixar levar e seguir em frente de qualquer jeito. O que eu poderia pensar para não sentir tanta impotência?

Resposta de Marco Aurélio (VII-LIII)

Se Deus e o destino o/a colocam em circunstâncias que você não pode mudar, mas age da melhor maneira possível com o que tem e onde está, então não tenha medo de nada.

Reflexão psicológica

Faça sempre o melhor que puder. Considere as opções e a informação que você tem em um determinado momento e tome a decisão que lhe parecer melhor e que se encaixa com seus valores. É melhor deixar as consequências de suas ações ou decisões nas mãos dos "deuses". Por que se preocupar com o resultado, se este não depende de você?

#69 NÃO É TÃO GRAVE QUANTO PARECE

Pergunta/comentário de um buscador

Tenho medo do futuro.

Resposta de Marco Aurélio (VIII-XXXVI)

Lembre-se de que o passado e o futuro não têm poder sobre você.

Em vez de pensar nas coisas negativas que podem lhe acontecer, concentre-se na sua situação atual e pergunte-se: neste exato momento, aqui e agora, tenho algum problema tão sério que não possa administrar? E verá que o presente é sempre mais administrável.

Reflexão psicológica

Muitas vezes sofremos pelo que pertence ao passado, ou pelo que nunca virá. Se nos concentrarmos apenas no momento presente, talvez percebamos que não há nada tão sério que não possa ser suportado.

Tente pensar em algum acontecimento passado que parecia mais sério do que finalmente foi. Como se sente agora pensando nisso? O que há em sua vida aqui e agora que talvez não seja tão sério quanto parece?

#70 ACEITE AJUDA

Pergunta/comentário de um buscador

Por que me é tão vergonhoso pedir ajuda?

Resposta de Marco Aurélio (VII-VII)

Não tenha vergonha de pedir ajuda. Imagine que é um soldado com uma missão a cumprir. Você abandonaria sua missão se estivesse ferido e mancando e não pudesse cumpri-la? Ou pediria ajuda a um companheiro, se isso o ajudasse a cumpri-la?

Em muitas situações, pedir ajuda pode ser o mais lógico e inteligente. Não faz sentido se envergonhar por agir de forma inteligente.

Reflexão psicológica

Às vezes temos de aceitar nossos limites e saber quando pedir ajuda. Isso não é uma fraqueza, mas sim uma força.

Quantas coisas em sua vida você só conseguiu conquistar graças a outras pessoas? Neste momento existe alguma coisa em sua vida em relação à qual cairia bem a ajuda de outra pessoa?

#71 NÃO ANALISE DEMAIS

Pergunta/comentário de um buscador

Não entendo por que tenho tanto azar na vida. Por que todas essas coisas acontecem comigo?

Resposta de Marco Aurélio (VIII-L)

Se o pepino estiver amargo, jogue-o fora. Se houver espinhos no caminho, evite-os. Tente ser prático. Se há algo que você pode evitar, evite. O que não puder mudar, aceite e não pergunte: "por que essas coisas acontecem no mundo?"

Reflexão psicológica

Não analise demais as coisas, pois isso não levará você a lugar algum. Faça o melhor que puder e concentre-se no que depende de você. Se ficar com raiva, ofendido/a ou indignado/a com tudo o que considera injusto ou ruim na vida os fatos mudarão?

#72 SABER PEDIR

Pergunta/comentário de um buscador

O que devo pedir a Deus?

Resposta de Marco Aurélio (IX-XL)

Ou Deus não tem poder algum, ou é todo-poderoso. Então, se não tem poder algum, por que lhe pedir algo? Mas se tem, por que você simplesmente não implora para que não tenha medo de nada, para não desejar nada e não sentir pena de nada que aconteça, em vez de pedir que tal coisa aconteça ou não?

Reflexão psicológica

Se você não acredita em Deus, de que adianta lhe pedir algo. Mas se acredita nele, não seria melhor pedir para que lhe dê a força e a atitude positiva necessárias para superar tudo o que lhe acontece, em vez de lhe pedir que apenas aconteça o que você deseja?

#73 VOCÊ NÃO VAI VIVER PARA SEMPRE

Pergunta/comentário de um buscador

Devo viver pensando na morte ou é melhor não analisar demais esse assunto e simplesmente aproveitar a vida?

Resposta de Marco Aurélio (IV-XVII)

Não aja como se fosse viver dez mil anos. A morte pesa sobre você. Enquanto ainda está vivo/a, enquanto lhe for possível, tente ser um bom ser humano.

Reflexão psicológica

Bronnie Ware, uma escritora australiana que trabalhou por muitos anos em cuidados paliativos, resumiu os cinco arrependimentos mais frequentes que as pessoas tinham em seu leito de morte. Elas gostariam de ter tido a coragem suficiente para fazer o que queriam, ter trabalhado menos, ter tido mais audácia para expressar seus sentimentos, ter tido mais contato com os amigos e também gostariam de ter sido mais felizes.

Subestimamos o tempo que temos de vida e ignoramos a morte como se fosse algo que só acontece com os outros. O que você mudaria se soubesse que tem pouco tempo de vida? A quem ou ao que você não está dedicando tempo, energia e amor suficientes? O que pode fazer a respeito?

#74 PARA QUE FAZÊ-LO?

Pergunta/comentário de um buscador

Trabalho muito e me orgulho disso. Fui educado para perseguir os objetivos que estabeleço na vida. Acho que o trabalho nos dignifica.

Resposta de Marco Aurélio (IX-XII)

Não trabalhe apenas por trabalhar ou para que os outros lhe deem tapinhas nas costas. Você tem de saber bem por que faz o que faz.

Reflexão psicológica

Você trabalha as horas necessárias para cumprir seu dever ou para fazer um bem à sociedade? Ou é um daqueles que dedicam a vida inteira ao trabalho, para agradar aos outros, para ganhar uma promoção ou, simplesmente, porque não tem outro propósito na vida?

Quando se dedicar a algo, pergunte-se para que está fazendo isso e se o valor e a importância dessa tarefa justificam o esforço dedicado. Há algo em sua vida que merece mais ou menos tempo e energia?

#75 O ORGULHO

Pergunta/comentário de um buscador

Tenho um trabalho importante, muitas pessoas dependem de mim e de minhas decisões. Não consigo pensar no significado da vida e em questões semelhantes que também não têm respostas.

Resposta de Marco Aurélio (VI-XIII)

O orgulho é um mestre do engano: quando pensar que está resolvendo o assunto mais importante do mundo é quando ele o enfeitiçará.

Reflexão psicológica

O orgulho surge quando acreditamos ser mais importantes do que somos ou quando damos muita importância a algo "nosso", como nosso corpo, as opiniões que criamos, a religião que escolhemos, nossa casa, nossos filhos ou a profissão que escolhemos. Mas tudo isso é um engano da nossa mente, pois como diz um provérbio oriental: "Você só tem o que não pode perder em um naufrágio".

O que você possui que não poderia perder em um naufrágio? O que é seu realmente?

#76 A PERDA

Pergunta/comentário de um buscador

É possível superar a dor de perder um ente querido? Para mim é impossível.

Resposta de Marco Aurélio (IX-XXXV)

A perda não é senão a transformação.

Reflexão psicológica

Todos temos medo de perder algo que nos é muito valioso e, pior ainda, de perder alguém. O medo da morte é a mãe de todos os medos. O que pode ajudá-lo a superar esse medo? Talvez a fé?

Você só pode perder algo que lhe pertence. E, como diz o provérbio oriental, só lhe pertence o que você não pode perder em um naufrágio. Se pensar assim, há muito poucas coisas na vida que você pode perder, pois quase nada é realmente seu.

Há algo em sua vida que você perdeu, mas que, se refletir bem, nunca lhe pertenceu?

#77 A PASSIVIDADE

Pergunta/comentário de um buscador

Melhor não fazer nada do que fazer algo e se equivocar.

Resposta de Marco Aurélio (IX-V)

Não fazer nada também é fazer algo. Não adie uma decisão importante nem evite agir porque acha que as coisas se resolverão sozinhas. Muitas vezes, aquele que não faz nada comete injustiça, não só aquele que faz alguma coisa.

Reflexão psicológica

Às vezes podemos pensar que se não fazemos nada não cometeremos erros. Mas o que acontece se estiver vendo uma criança se afogando e não fizer nada? Ou vai cometer um erro, não corrigi-lo nem reconhecer sua culpa? Não vai pensar nas consequências de seus atos e prejudicar o outro? Poderíamos pensar em muitos outros exemplos.

Você já errou ao não fazer, agir ou pensar em algo?

#78 O APEGO

Pergunta/comentário de um buscador

Como posso evitar o apego a algo ou às pessoas?

Resposta de Marco Aurélio (VIII-XXXIII)

Aceite com humildade, desapegue com facilidade.

Reflexão psicológica

A sorte, o acaso e o destino estão completamente fora de seu controle. Se a sua felicidade depende de algo que não está em suas mãos, ela sempre será escrava da incerteza. Marco Aurélio nos diz que é melhor não nos apegarmos a nada com que a fortuna nos presenteou nem devemos lamentar quando a sorte parece trabalhar contra nós.

Se a sua felicidade não depende do que lhe acontece na vida, do que obtém ou do que perde, mas de uma fé inquebrantável em que tudo tem seu propósito e tudo se deve à vontade divina, como você poderia não ser feliz?

#79 COMO VIVER UMA BOA VIDA

Pergunta/comentário de um buscador

Se tivesse um último conselho a me dar, qual seria?

Resposta de Marco Aurélio (III-V)

Não aja contra sua vontade e sem refletir, não faça nada que prejudique os outros nem se deixe levar pelas suas emoções e pensamentos. Não se orgulhe de suas palavras. Fale pouco e não faça muitas coisas ao mesmo tempo.

Reflexão psicológica

O que você pode fazer para viver um pouco mais de acordo com este último conselho de Marco Aurélio?

Referências*

AURÉLIO, M. (1985). *Meditaciones*. Madri: Alianza.

CASTANEDA, C. (2017). *Las enseñanzas de Don Juan –* Una forma yaqui de conocimiento. Cidade de México: Fondo de Cultura Económica.

DOLAN, S.L. (2019). *Más coaching por valores*. Madri: LID.

RISO, W. (2013). *Guía práctica para vencer la dependencia emocional*. Phronesis SAS.

SCHINDLER, J.A. (2004). *Cómo vivir 365 días al año*. Madri: Urano.

VV.AA. (1888). *Obras de los moralistas griegos: Marco Aurélio, Teofrasto, Epicteto, Cebes*. Madri: Viuda de Hernando.

WARE, B. (2013). *Los cinco mandamientos para tener una vida plena*: ¿De qué no deberías arrepentirte nunca? Barcelona: DeBolsillo (Penguin Random House).

ZAVALA, J.M. (2010). *Padre Pío*: Los milagros desconocidos del santo de los estigmas. Madri: LibrosLibres.

---

* As frases de Marco Aurélio foram selecionadas destas obras e adaptadas à linguagem moderna para um fácil entendimento.

Conecte-se conosco:

f facebook.com/editoravozes

⊙ @editoravozes

🐦 @editora_vozes

▶ youtube.com/editoravozes

◯ +55 24 2233-9033

www.vozes.com.br

Conheça nossas lojas:

www.livrariavozes.com.br

Belo Horizonte – Brasília – Campinas – Cuiabá – Curitiba
Fortaleza – Juiz de Fora – Petrópolis – Recife – São Paulo

EDITORA VOZES LTDA.
Rua Frei Luís, 100 – Centro – Cep 25689-900 – Petrópolis, RJ
Tel.: (24) 2233-9000 – E-mail: vendas@vozes.com.br